Impressum
Verlag: BABADADA GmbH, Nedderfeld 112 , 22529 Hamburg
Geschäftsführer / Verlagsleitung: Harald Hof
Druck: Books on Demand GmbH, In de Tarpen 42, 22848 Norderstedt

Imprint
Publisher: BABADADA GmbH, Nedderfeld 112 , 22529 Hamburg, Germany
Managing Director / Publishing direction: Harald Hof
Print: Books on Demand GmbH, In de Tarpen 42, 22848 Norderstedt, Germany

школа
kool

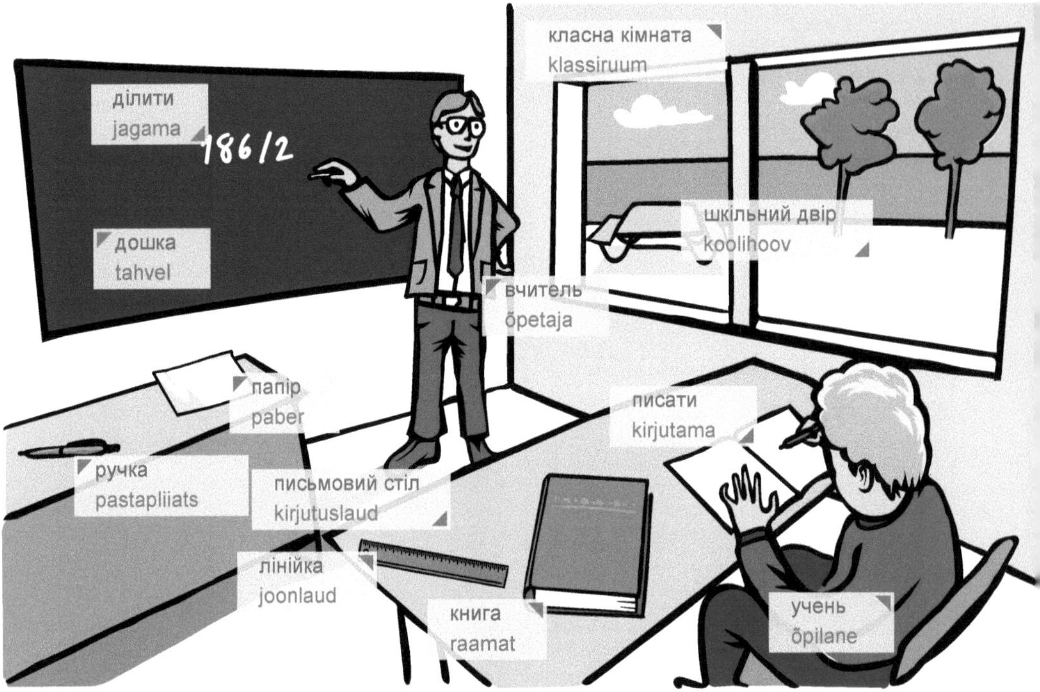

класна кімната
klassiruum
ділити
jagama
186/2
дошка
tahvel
шкільний двір
koolihoov
вчитель
õpetaja
папір
paber
писати
kirjutama
ручка
pastapliiats
письмовий стіл
kirjutuslaud
лінійка
joonlaud
книга
raamat
учень
õpilane

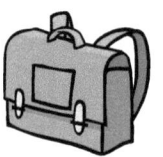

ранець
koolikott

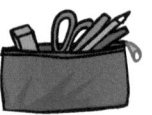

пенал
pinal

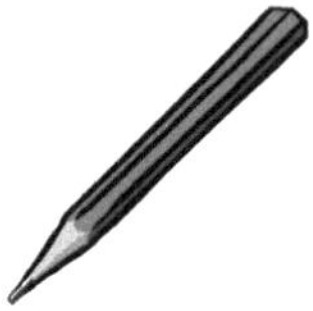

олівець
harilik pliiats

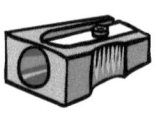

точило
pliiatsiteritaja

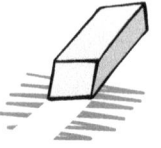

гумка
kustukumm

альбом для малювання
joonistusplokk

малюнок

joonistus

пензель

pintsel

коробка фарб

värvikarp

ножиці

käärid

клей

liim

зошит

töövihik

домашнє завдання

kodutöö

число

number

додавати

liitma

віднімати

lahutama

множити

korrutama

рахувати

arvutama

літера

täht

абетка

tähestik

hello

слово

sõna

текст

tekst

читати

lugema

крейда

kriit

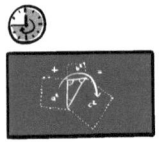

година

koolitund

класний журнал

klassipäevik

екзамен

eksam

диплом

tunnistus

шкільна форма

koolivorm

освіта

haridus

лексикон

entsüklopeedia

університет

ülikool

мікроскоп

mikroskoop

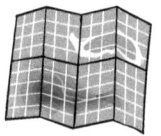

карта

kaart

кошик для паперу

paberikorv

подорож
reisimine

готель
hotell
Grand
турбаза
hostel
ROOMS
обмінний пункт
valuutavahetuspunkt
валіза
kohver
автомобіль
auto

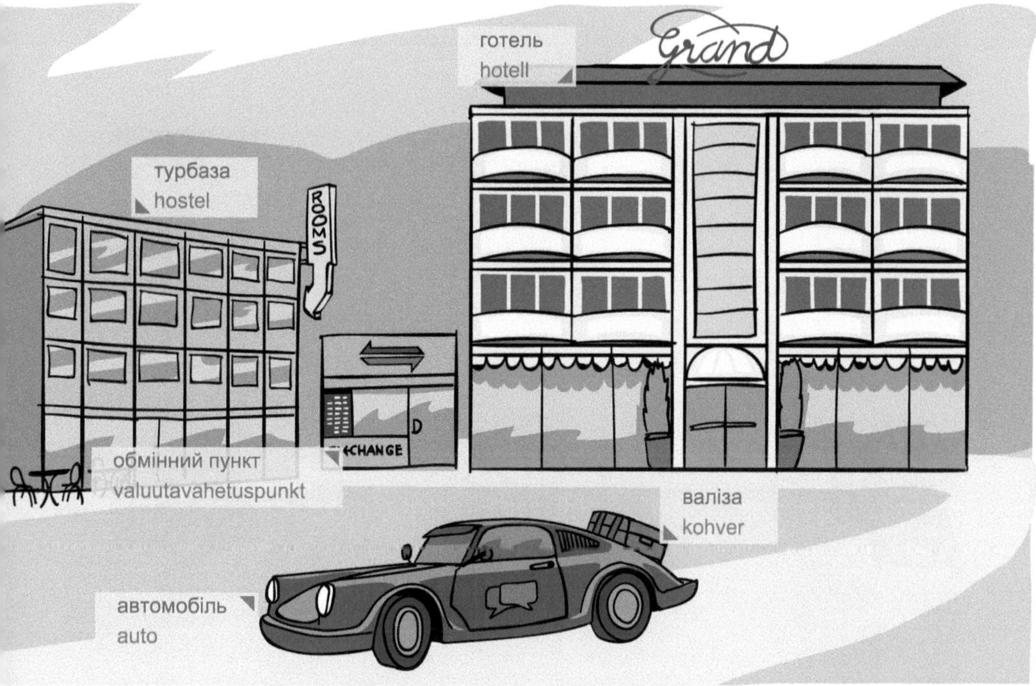

мова
keel

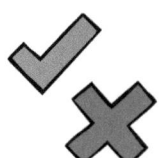

так / ні
jah / ei

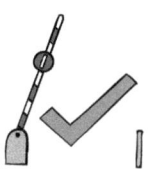

добре
okei

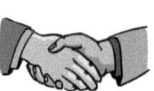

привіт
Tere!

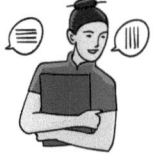

перекладач
tõlk

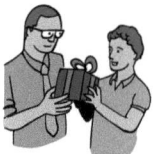

дякую
Aitäh!

Скільки коштує ...?

Kui palju maksab ...?

Я не розумію

Ma ei saa aru

проблема

probleem

Добрий вечір!

Tere õhtust!

Доброго ранку!

Tere hommikust!

На добраніч!

Head ööd!

До побачення

Head aega!

напрямок

suund

багаж

pagas

сумка

kott

рюкзак

seljakott

гість

külaline

кімната

tuba

спальний мішок

magamiskott

намет

telk

туристична інформація

turismiinfo

пляж

rand

кредитна картка

krediitkaart

сніданок

hommikusöök

обід

lõunasöök

вечеря

õhtusöök

квиток

pilet

ліфт

lift

поштова марка

postmark

межа

riigipiir

митниця

toll

посольство

saatkond

віза

viisa

паспорт

pass

транспорт
transport

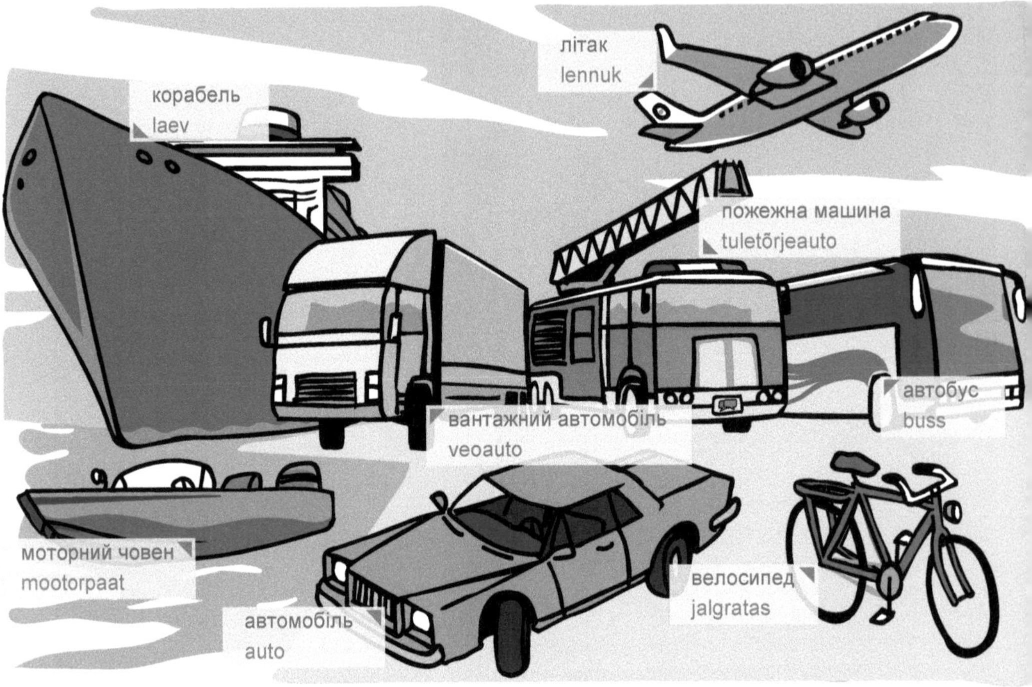
літак
lennuk
корабель
laev
пожежна машина
tuletõrjeauto
автобус
buss
вантажний автомобіль
veoauto
моторний човен
mootorpaat
велосипед
jalgratas
автомобіль
auto

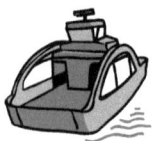

пором
praam

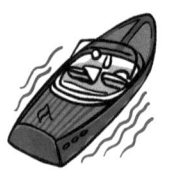

човен
paat

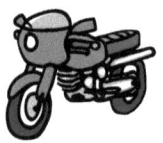

мотоцикл
mootorratas

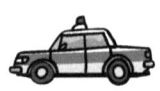

поліцейська машина
politseiauto

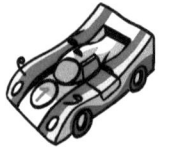

гоночний автомобіль
võidusõiduauto

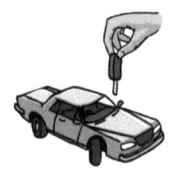

автомобіль на прокат
rendiauto

спільне користування авто

ühisauto

евакуатор

puksiirauto

сміттєвоз

prügiauto

двигун

mootor

паливо

kütus

автозаправна станція

tankla

дорожній знак

liiklusmärk

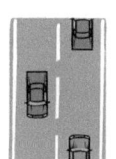

рух

liiklus

затор

liiklusummik

стоянка

parkla

вокзал

raudteejaam

рейки

rööpad

потяг

rong

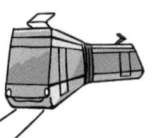

трамвай

tramm

вагон

vagun

гелікоптер

helikopter

аеропорт

lennujaam

вежа

torn

пасажир

reisija

контейнер

konteiner

коробка

pappkast

візок

käru

кошик

korv

стартувати / приземлятися

õhku tõusma / maanduma

місто

linn

село

küla

центр міста

kesklinn

дім

maja

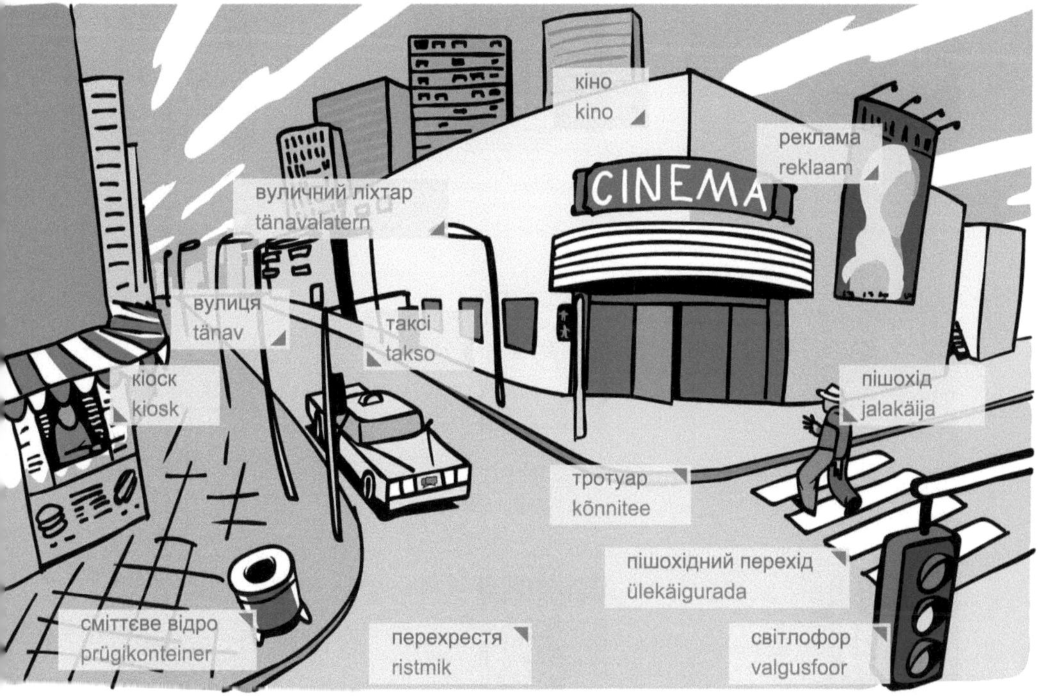

кіно
kino

вуличний ліхтар
tänavalatern

реклама
reklaam

CINEMA

вулиця
tänav

таксі
takso

кіоск
kiosk

пішохід
jalakäija

тротуар
kõnnitee

пішохідний перехід
ülekäigurada

сміттєве відро
prügikonteiner

перехрестя
ristmik

світлофор
valgusfoor

хатина

osmik

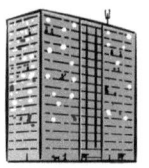

квартира

kortermaja

вокзал

raudteejaam

ратуша

raekoda

музей

muuseum

школа

kool

університет

ülikool

банк

pank

лікарня

haigla

готель

hotell

аптека

apteek

офіс

kontor

книжковий магазин

raamatupood

магазин

kauplus

квітковий магазин

lillepood

супермаркет

supermarket

ринок

turg

універмаг

kaubamaja

торговець рибою

kalapood

торговельний центр

kaubanduskeskus

гавань

sadam

парк
park

лава
pink

міст
sild

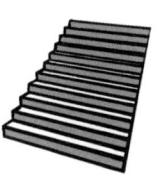

сходи
trepp

метро
metroo

тунель
tunnel

автобусна зупинка
bussipeatus

бар
baar

ресторан
restoran

поштова скринька
postkast

вулична табличка
tänavasilt

лічильник паркування
parkimisautomaat

зоопарк
loomaaed

басейн
ujula

мечеть
mošee

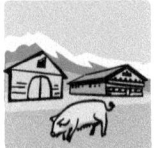

ферма

talu

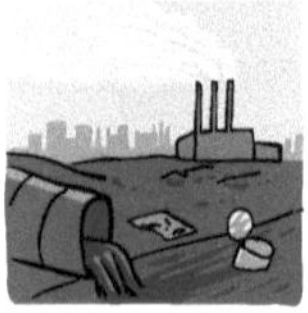

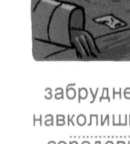

забруднення навколишнього середовища

reostus

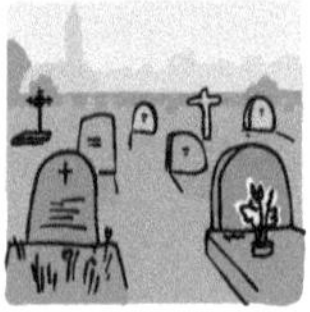

кладовище

surnuaed

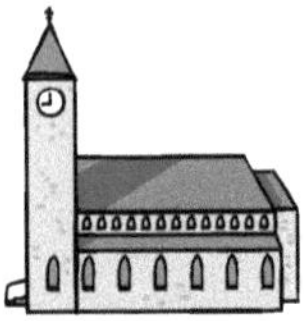

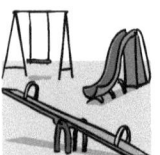

церква

kirik

дитячий майданчик

mänguväljak

храм

tempel

ландшафт

maastik

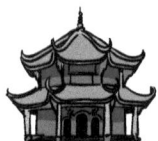

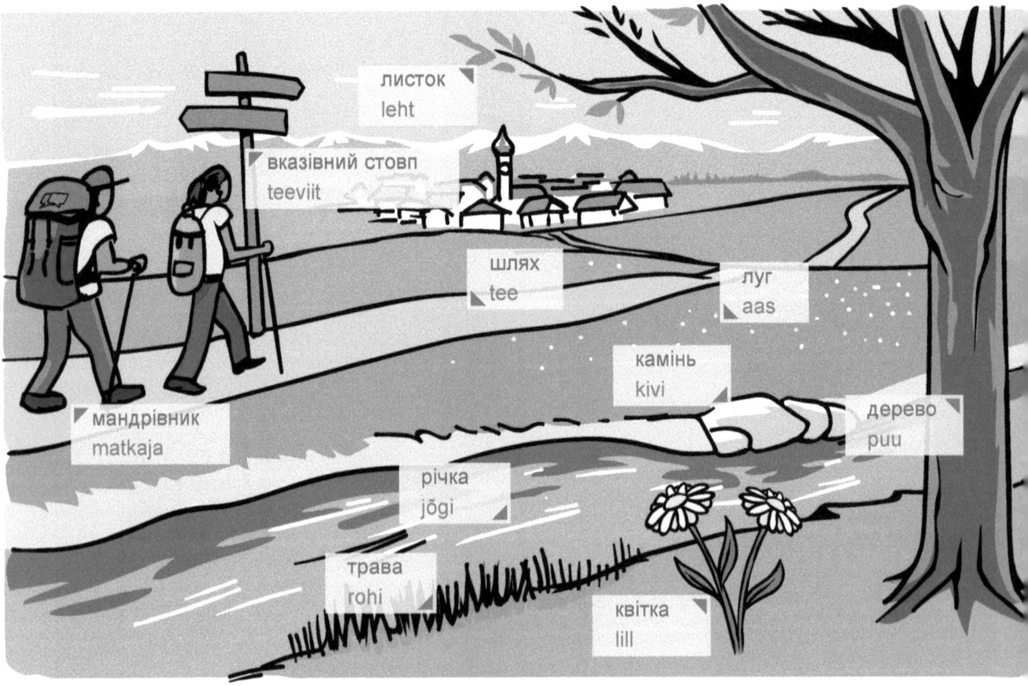

листок
leht
вказівний стовп
teeviit
шлях
tee
луг
aas
камінь
kivi
мандрівник
matkaja
дерево
puu
річка
jõgi
трава
rohi
квітка
lill

долина

org

гора

mägi

озеро

järv

ліс

mets

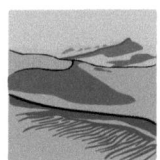

пустеля

kõrb

вулкан

vulkaan

замок

linnus

веселка

vikerkaar

гриб

seen

пальма

palm

комар

sääsk

муха

kärbes

мурашка

sipelgas

бджола

mesilane

павук

ämblik

жук

mardikas

жаба

konn

вивірка

orav

їжак

siil

заєць

jänes

сова

öökull

птах

lind

лебідь

luik

кабан

metssiga

олень

hirv

лось

põder

гребля

pais

вітряк

tuuleturbiin

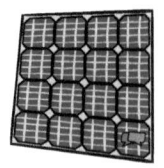

сонячний модуль

päikesepaneel

клімат

kliima

ресторан
restoran

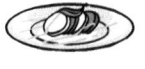

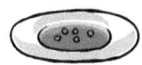

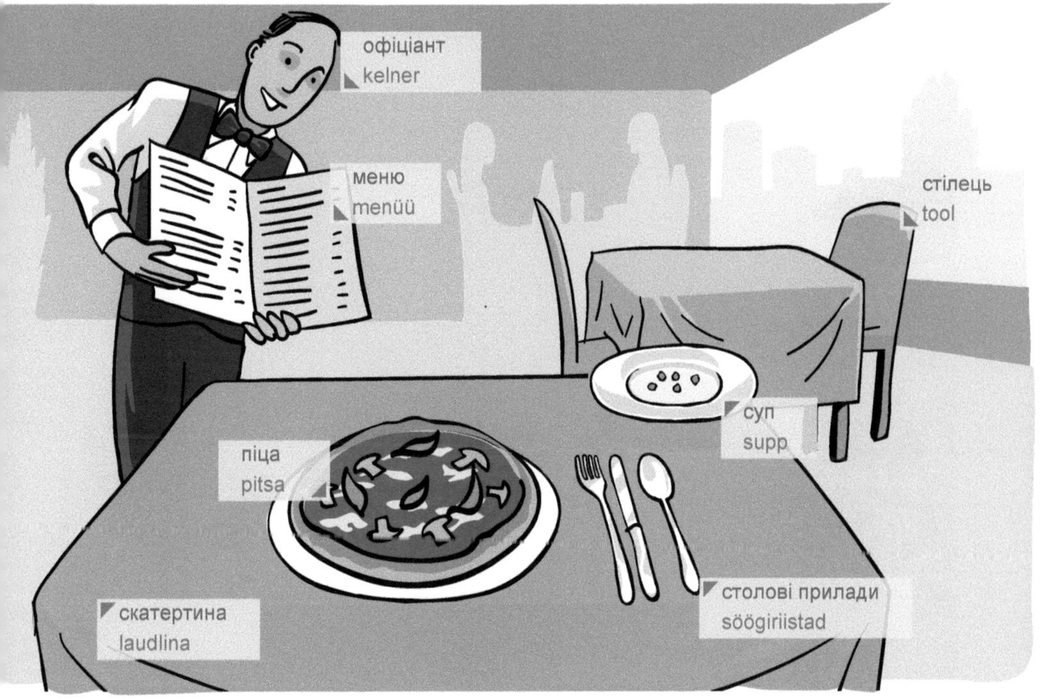

офіціант
kelner
меню
menüü
стілець
tool
суп
supp
піца
pitsa
скатертина
laudlina
столові прилади
söögiriistad

закуска

eelroog

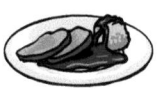

друга страва

pearoog

десерт

magustoit

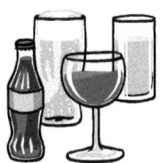

напої

joogid

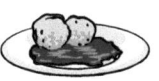

їжа

toit

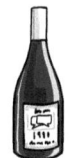

пляшка

pudel

фаст-фуд

kiirtoit

вулична їжа

tänavatoit

чайник

teekann

цукорниця

suhkrutoos

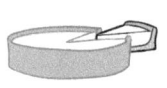

порція

portsjon

еспресо-машина

espressomasin

високий стільчик

lastetool

рахунок

arve

піднос

kandik

ніж

nuga

вилка

kahvel

ложка

lusikas

чайна ложка

teelusikas

серветка

salvrätik

склянка

klaas

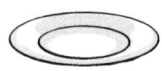

тарілка

taldrik

тарілка для супу

supitaldrik

блюдце

alustass

соус

kaste

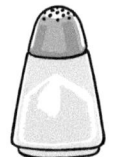

солонка

soolatoos

млин для перцю

pipraveski

оцет

äädikas

масло

õli

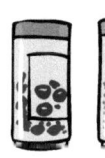

спеції

vürtsid

кетчуп

ketšup

гірчиця

sinep

майонез

majonees

супермаркет
supermarket

пропозиція
eripakkumine
FOR
клієнт
klient
молочні продукти
piimatooted
фрукти
puuviljad
візок для покупок
ostukäru

BUTCHERS

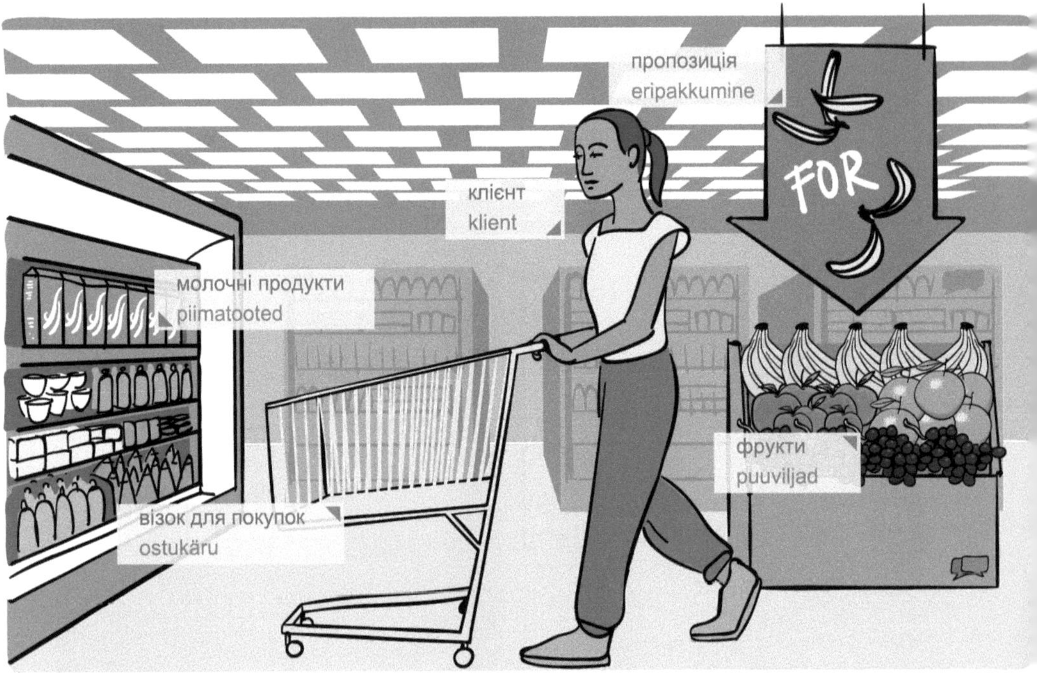

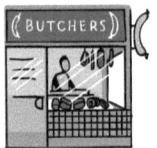

м'ясний магазин

lihapood

BAKERY

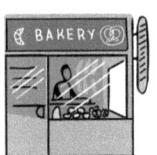

пекарня

pagariäri

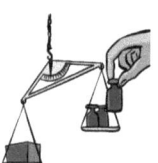

зважувати

kaaluma

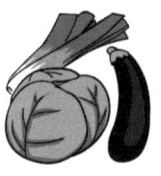

овочі

köögiviljad

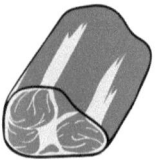

м'ясо

liha

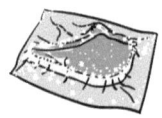

заморожені продукти

külmutatud toit

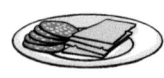

ковбасна нарізка

lihalõigud

консерви

konservid

пральний порошок

pesupulber

солодощі

maiustused

предмети домашнього побуту

majatarbed

мийний засіб

puhastustooted

продавщиця

müüja

каса

kassaaparaat

касир

kassapidaja

список покупок

ostunimekiri

часи роботи

lahtiolekuajad

гаманець

rahakott

кредитна картка

krediitkaart

сумка

kott

поліетиленовий пакет

kilekott

вода

vesi

сік

mahl

молоко

piim

кола

koola

вино

vein

пиво

õlu

алкоголь

alkohol

какао

kakao

чай

tee

кава

kohv

еспресо

espresso

капучіно

cappuccino

банан

banaan

яблуко

õun

апельсин

apelsin

кавун

arbuus

лимон

sidrun

морква

porgand

часник

küüslauk

бамбук

bambus

цибуля

sibul

гриб

seen

горішки

pähklid

локшина

nuudlid

спагеті

spagetid

рис

riis

салат

salat

картопля фрі

friikartulid

смажена картопля

praekartulid

піца

pitsa

гамбургер

hamburger

бутерброд

võileib

шніцель

šnitsel

шинка

sink

салямі

salaami

ковбаса

vorst

курка

kana

печеня

praeliha

риба

kala

вівсяні пластівці

kaerahelbed

мюслі

müsli

кукурудзяні пластівці

maisihelbed

борошно

jahu

круасан

sarvesai

булочка

kukkel

хліб

leib

тостовий хліб

röstsai

печиво

küpsised

масло

või

сир

kohupiim

пиріг

kook

яйце

muna

яєчня

praemuna

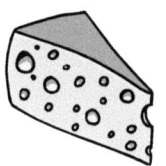

сир

juust

морозиво

jäätis

цукор

suhkur

мед

mesi

мармелад

moos

нуга-крем

pähklivõie

карі

karri

ферма

talu

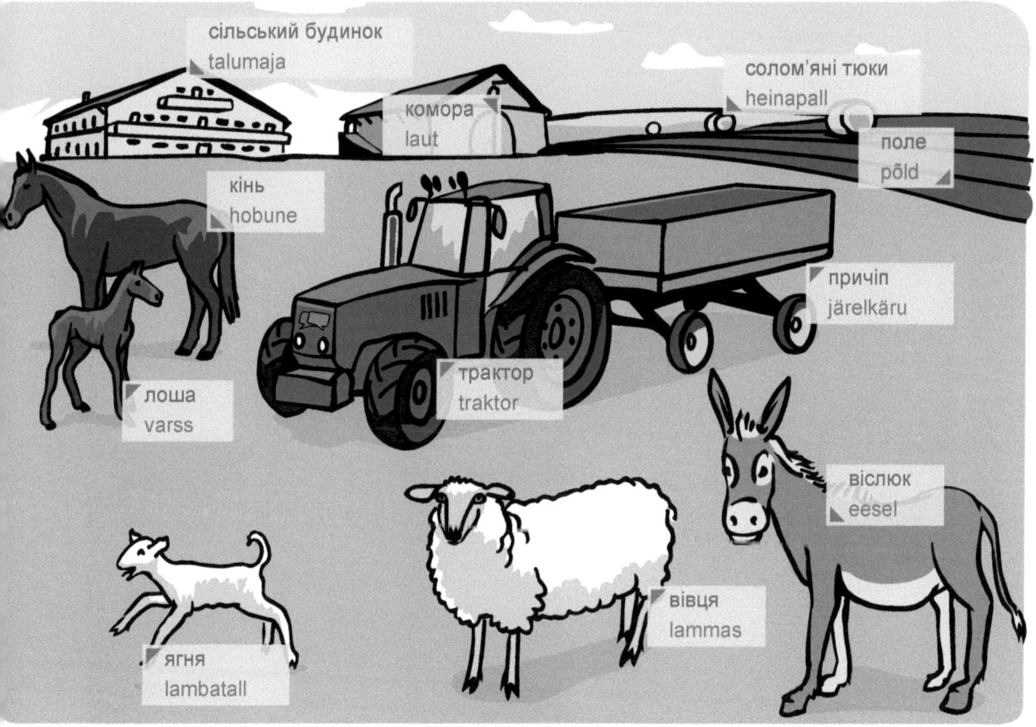
сільський будинок
talumaja
комора
laut
солом'яні тюки
heinapall
поле
põld
кінь
hobune
причіп
järelkäru
трактор
traktor
лоша
varss
віслюк
eesel
вівця
lammas
ягня
lambatall

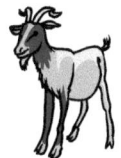

коза

kits

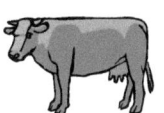

корова

lehm

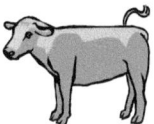

теля

vasikas

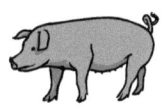

свиня

siga

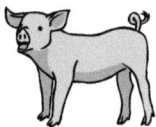

порося

põrsas

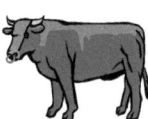

бик

pull

гусак
hani

качка
part

курча
tibu

курка
kana

півень
kukk

щур
rott

кіт
kass

миша
hiir

віл
härg

собака
koer

собача будка
koerakuut

садовий шланг
aiavoolik

лійка
kastekann

коса
vikat

плуг
ader

серп
sirp

мотика
kõblas

вила
hang

сокира
kirves

тачка
käru

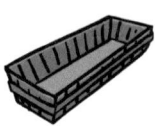

корито
küna

бідон молока
piimanõu

мішок
kott

паркан
tara

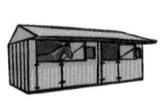

хлів
tall

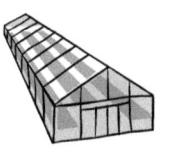

теплиця
kasvuhoone

ґрунт
muld

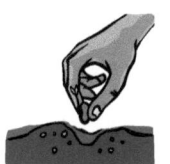

насіння
seeme

добриво
väetis

комбайн
kombain

пожинати

saaki koristama

урожай

saagikoristus

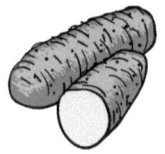

корінь ямсу

jamss

пшениця

nisu

соя

soja

картопля

kartul

кукурудза

mais

ріпак

raps

плодове дерево

viljapuu

маніок

maniokk

злаки

teravili

дім
maja

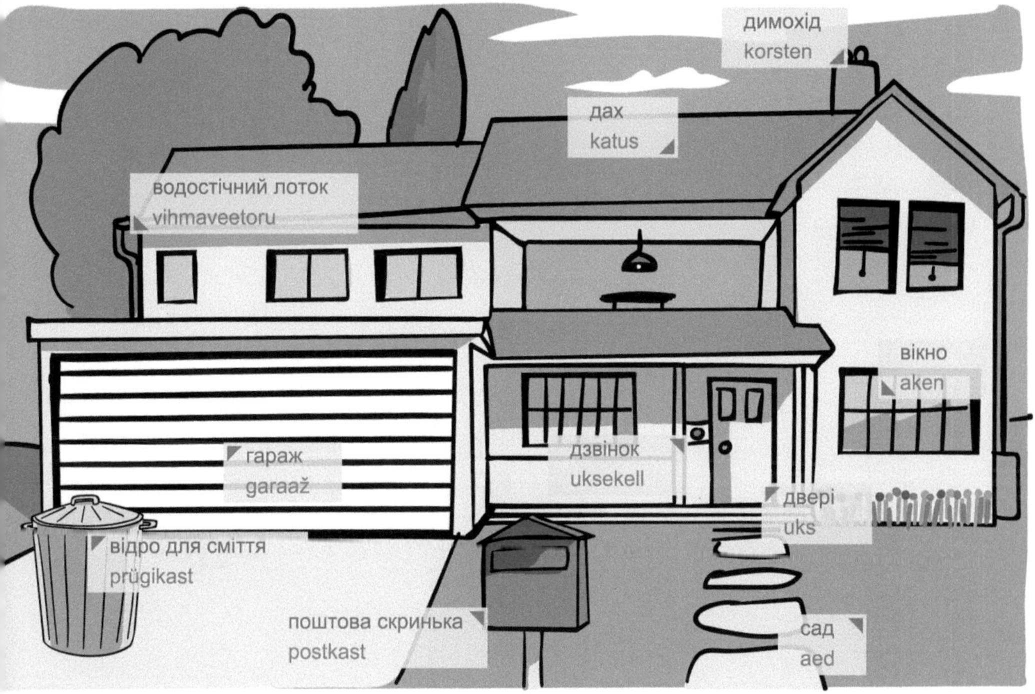

димохід
korsten
дах
katus
водостічний лоток
vihmaveetoru
вікно
aken
гараж
garaaž
дзвінок
uksekell
двері
uks
відро для сміття
prügikast
поштова скринька
postkast
сад
aed

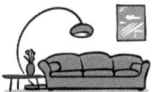

вітальня
elutuba

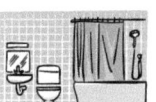

ванна кімната
vannituba

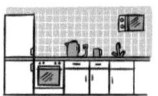

кухня
köök

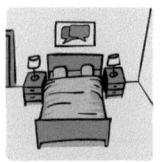

спальня
magamistuba

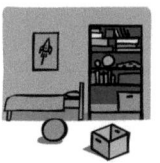

дитяча кімната
lastetuba

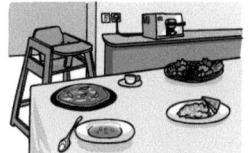

їдальня
söögituba

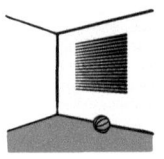

підлога

põrand

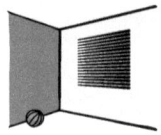

стіна

sein

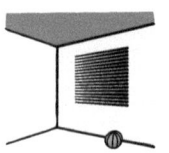

стеля

lagi

підвал

kelder

сауна

saun

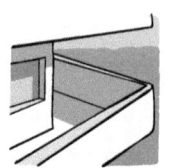

балкон

rõdu

тераса

terrass

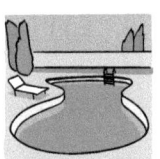

басейн

bassein

косарка

muruniiduk

простирало

voodilina

ковдра

päevatekk

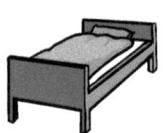

ліжко

voodi

мітла

luud

відро

ämber

перемикач

lüliti

вітальня
elutuba

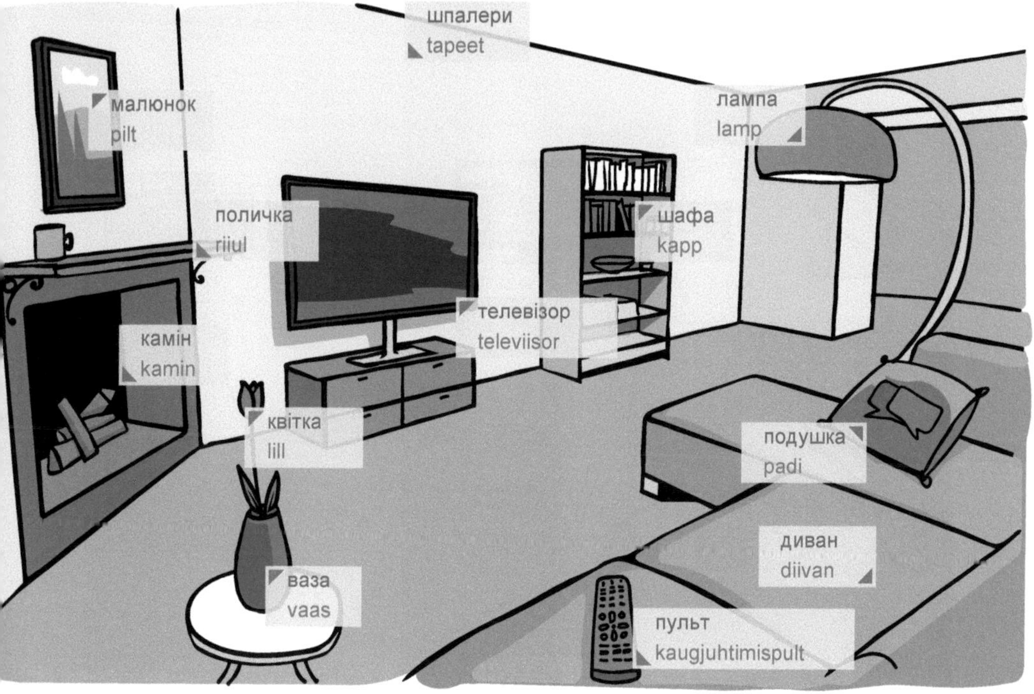
шпалери
tapeet
малюнок
pilt
лампа
lamp
поличка
riiul
шафа
kapp
телевізор
televiisor
камін
kamin
квітка
lill
подушка
padi
диван
diivan
ваза
vaas
пульт
kaugjuhtimispult

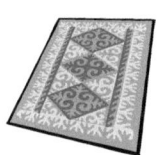

килим

vaip

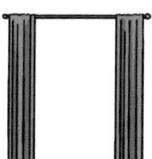

завіса

kardin

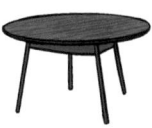

стіл

laud

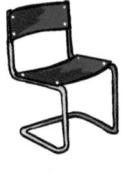

стілець

tool

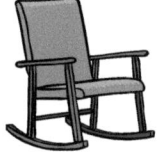

крісло-гойдалка

kiiktool

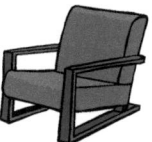

крісло

tugitool

книга

raamat

ковдра

tekk

прикраса

kaunistus

дрова

küttepuud

фільм

film

стереосистема

helisüsteem

ключ

võti

газета

ajaleht

картина

maal

плакат

plakat

радіо

raadio

блокнот

märkmik

пилосос

tolmuimeja

кактус

kaktus

свічка

küünal

кухня
köök

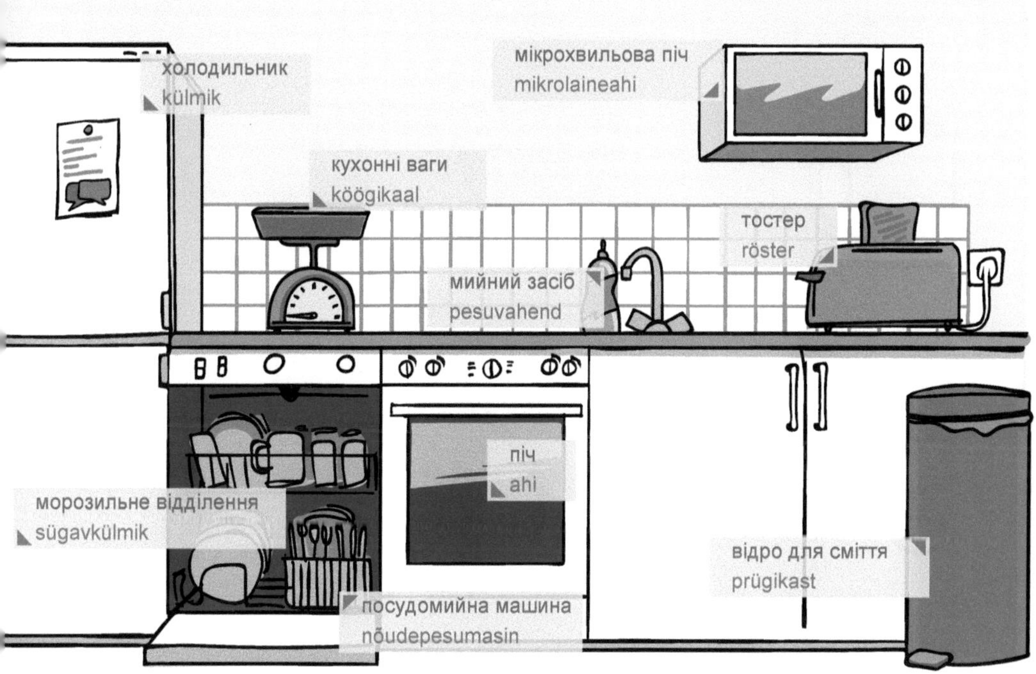
холодильник
külmik
мікрохвильова піч
mikrolaineahi
кухонні ваги
köögikaal
тостер
röster
мийний засіб
pesuvahend
піч
ahi
морозильне відділення
sügavkülmik
відро для сміття
prügikast
посудомийна машина
nõudepesumasin

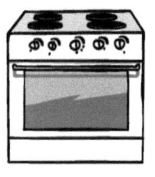

плита
....
pliit

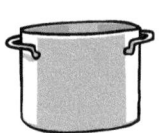

горщик
....
pott

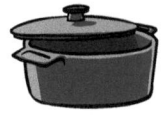

чавунний горщик
....
malmpott

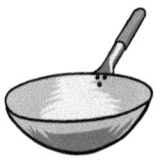

вок / кадай
....
vokkpann

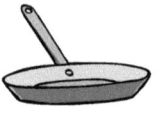

сковорода
....
pann

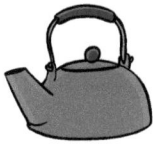

чайник
....
veekeetja

пароварка

aurutaja

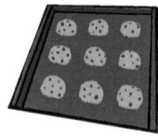

лист

küpsetusplaat

посуд

lauanõud

кухоль

kruus

чаша

kauss

палички для їжі

söögipulgad

черпак

kulp

лопатка

pannilabidas

вінчик для збивання

vispel

сито

kurn

сито

sõel

терка

riiv

ступка

uhmer

барбекю

grill

багаття

lahtine tuli

дошка

lõikelaud

качалка

tainarull

штопор

korgitser

конзерва

konservipurk

відкривачка

konserviavaja

прихватки

pajakinnas

раковина

kraanikauss

щітка

hari

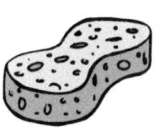

губка

pesukäsn

міксер

kannmikser

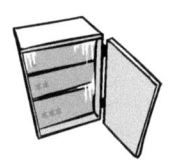

морозильна камера

sügavkülmuti

дитяча пляшка

lutipudel

кран

segisti

ванна кімната
vannituba

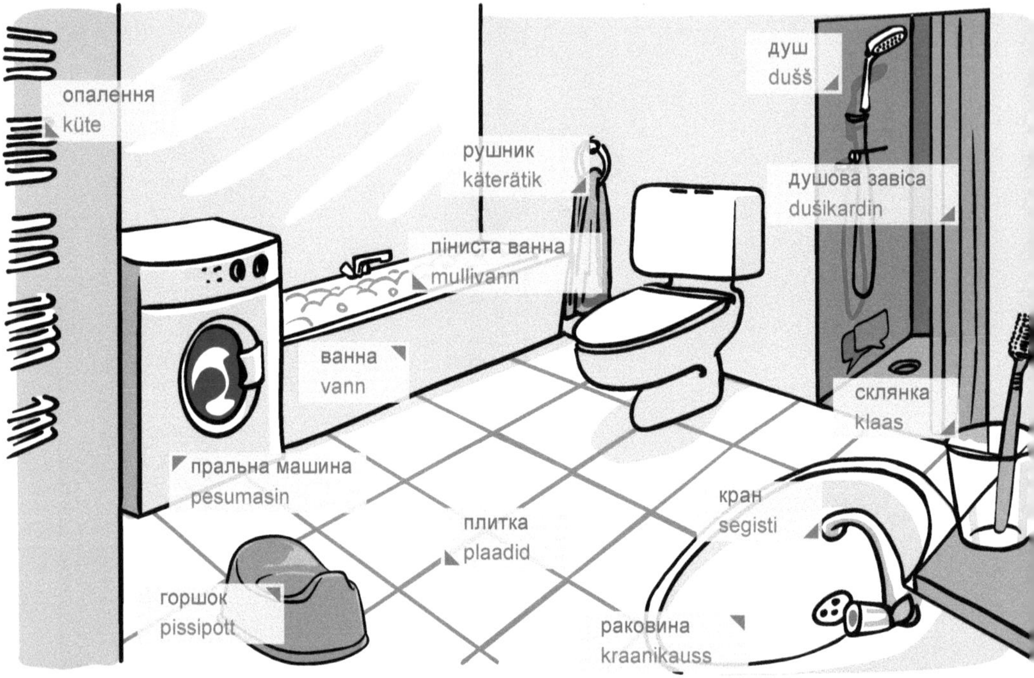
опалення
küte
рушник
käterätik
душ
dušš
душова завіса
dušikardin
пінистa ванна
mullivann
ванна
vann
склянка
klaas
пральна машина
pesumasin
кран
segisti
плитка
plaadid
горшок
pissipott
раковина
kraanikauss

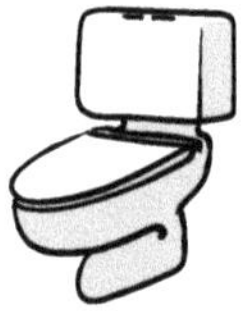

туалет

WC-pott

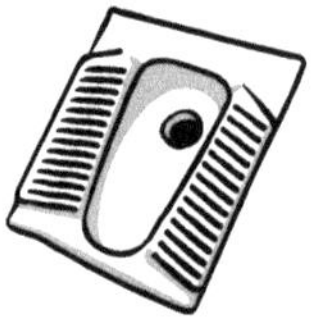

підлоговий туалет

kükitamistualett

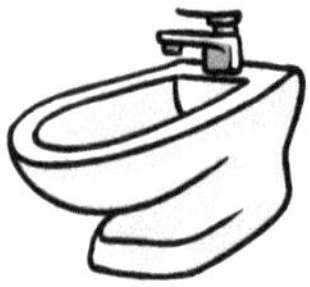

біде

bidee

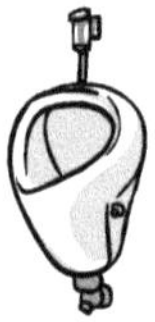

пісуар

pissuaar

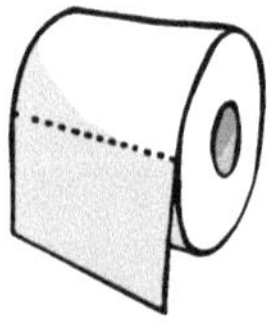

туалетний папір

tualettpaber

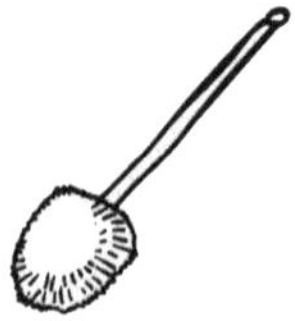

щітка для туалету

WC-hari

зубна щітка

hambahari

зубна паста

hambapasta

нитка для чищення зубів

hambaniit

мити

pesema

ручний душ

käsidušš

інтимний душ

intiimdušš

таз

pesukauss

щітка для спини

seljahari

мило

seep

гель для душу

dušigeel

шампунь

šampoon

мочалка

vamm

водостік

äravool

крем

kreem

дезодорант

deodorant

дзеркало

peegel

косметичне дзеркало

käsipeegel

бритва

habemenuga

піна для гоління

raseerimisvaht

лосьйон після гоління

habemevesi

гребінь

kamm

щітка

hari

фен

föön

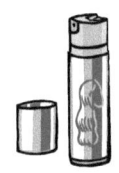

лак для волосся

juukselakk

косметика

meigikomplekt

губна помада

huulepulk

лак для нігтів

küünelakk

вата

vatt

ножиці для нігтів

küünekäärid

парфум

parfüüm

косметичка

tualett-tarvete kott

табурет

taburet

ваги

kaal

халат

hommikumantel

гумові рукавички

kummikindad

тампон

tampoon

гігієнічні прокладки

hügieeniside

біотуалет

keemiline tualett

дитяча кімната
lastetuba

будильник
äratuskell
м'яка іграшка
pehme mänguasi
іграшковий автомобіль
mänguauto
брязкальце
kõristi
ляльковий будиночок
nukumaja
подарунок
kingitus

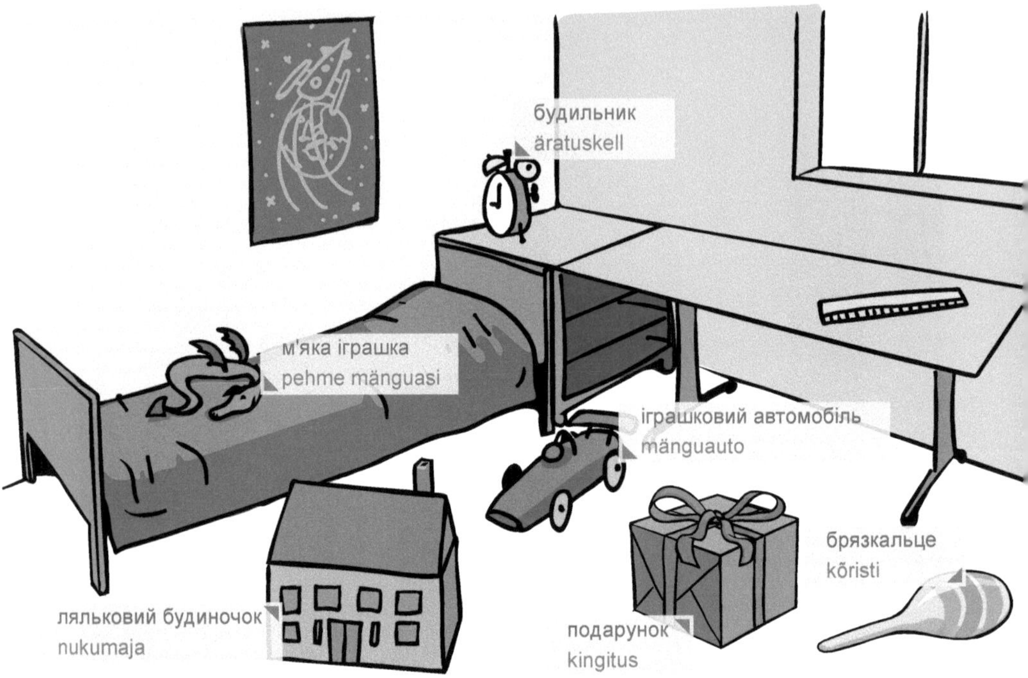

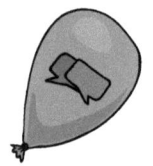

повітряна кулька

õhupall

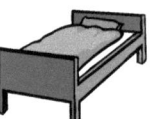

ліжко

voodi

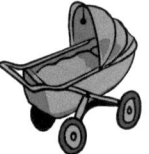

дитячий візок

lapsevanker

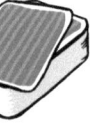

картярська гра

kaardipakk

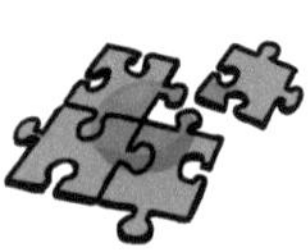

пазл

pusle

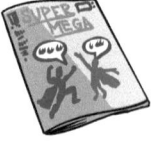

комікс

koomiks

лего цеглинки

Lego klotsid

блоки

klotsid

іграшкова фігурка

kujuke

повзунки

siputuspüksid

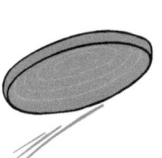

фризбі

lendav taldrik

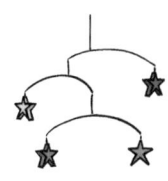

мобіле

voodikarussell

настільна гра

lauamäng

кубик

täringud

модель залізнична станція

mudelrong

соска

lutt

вечірка

pidu

книжка з картинками

pildiraamat

м'яч

pall

лялька

nukk

грати

mängima

пісочниця

liivakast

гойдалка

kiik

іграшка

mänguasjad

гральна консоль

mängukonsool

триколісний велосипед

kolmerattaline jalgratas

плюшевий мішка

mängukaru

шафа

riidekapp

одяг

riietus

шкарпетки

sokid

панчохи

sukad

колготки

sukkpüksid

шарф
sall

ремінь
vöö

парасоля
vihmavari

футболка
T-särk

кросівки
tossud

чоботи
saapad

домашнє взуття
sussid

сандалі
sandaalid

взуття
jalatsid

гумові чоботи
kummikud

труси
aluspüksid

бюстгальтер
rinnahoidja

нижня сорочка
vest

боді

bodi

штани

püksid

джинси

teksapüksid

спідниця

seelik

блузка

pluus

сорочка

särk

пуловер

sviiter

светр

dressipluus

піджак

bleiser

куртка

jakk

пальто

mantel

дощовик

vihmamantel

костюм

kostüüm

сукня

kleit

весільна сукня

pulmakleit

костюм

ülikond

нічна сорочка

öösärk

піжама

pidžaama

сарі

sari

головна хустка

pearätt

чалма

turban

бурка

burka

кафтан

kaftan

абая

abayah

купальник

ujumistrikoo

плавки

ujumispüksid

шорти

lühikesed püksid

тренувальний костюм

dressid

фартух

põll

рукавички

kindad

гудзик

nööp

окуляри

prillid

браслет

käevõru

ланцюг

kaelakee

кільце

sõrmus

сережка

kõrvarõngas

шапка

nokamüts

плічка

riidepuu

капелюх

kaabu

краватка

lips

застібка-блискавка

tõmblukk

шолом

kiiver

підтяжки

traksid

шкільна форма

koolivorm

уніформа

vormirõivad

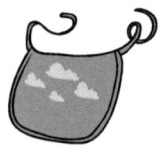

нагрудник

pudipõll

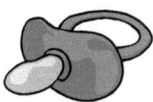

соска

lutt

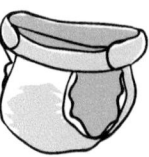

підгузок

mähe

офіс

kontor

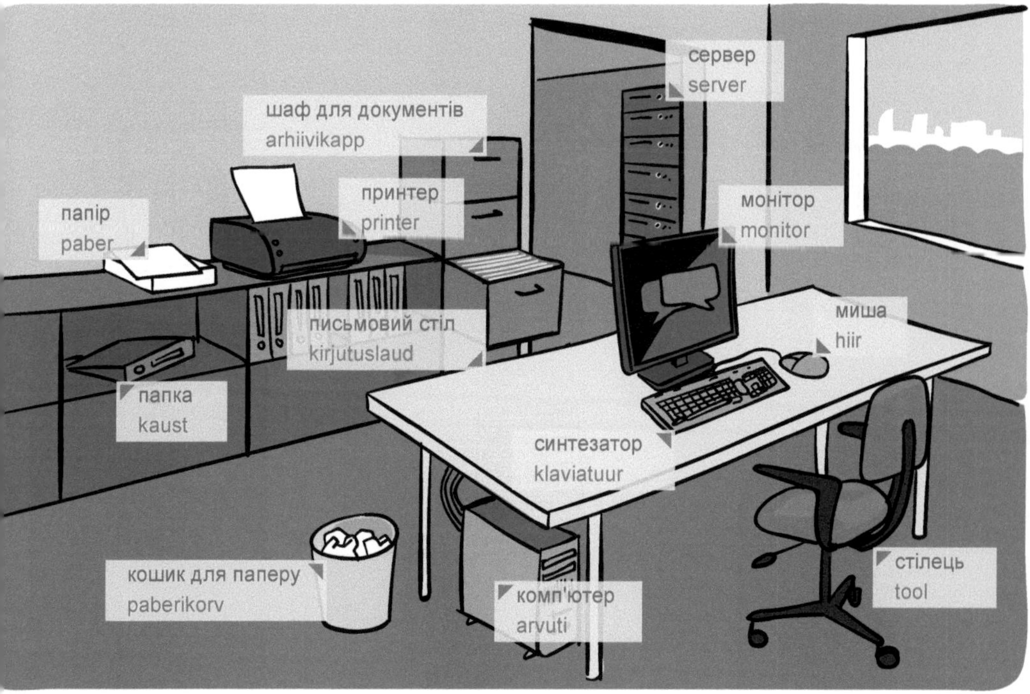

сервер
server
шаф для документів
arhiivikapp
папір
paber
принтер
printer
монітор
monitor
письмовий стіл
kirjutuslaud
миша
hiir
папка
kaust
синтезатор
klaviatuur
кошик для паперу
paberikorv
комп'ютер
arvuti
стілець
tool

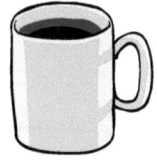

кавовий кухоль

kohvikruus

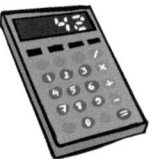

калькулятор

kalkulaator

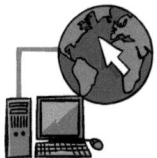

інтернет

internet

ноутбук

süleravuti

лист

kiri

повідомлення

sõnum

мобільний телефон

mobiiltelefon

мережа

võrk

копіювальний пристрій

koopiamasin

програмне забезпечення

tarkvara

телефон

telefon

розетка

pistikupesa

факс

faksimasin

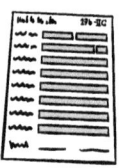

бланк

vorm

документ

dokument

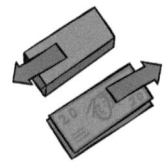

купувати

ostma

платити

maksma

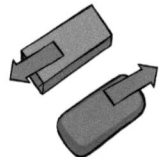

торгувати

vahetama

гроші

raha

долар

dollar

євро

euro

ієна

jeen

рубль

rubla

франк

Šveitsi frank

юанів женьміньбі

renminbi jüaan

рупія

ruupia

банкомат

sularahaautomaat

обмінний пункт

valuutavahetuspunkt

золото

kuld

срібло

hõbe

нафта

nafta

енергія

energia

ціна

hind

контракт

leping

податок

maks

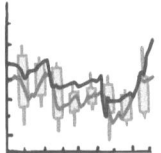

акція

aktsia

працювати

töötama

працівник

töötaja

роботодавець

tööandja

фабрика

tehas

магазин

kauplus

професії
ametid

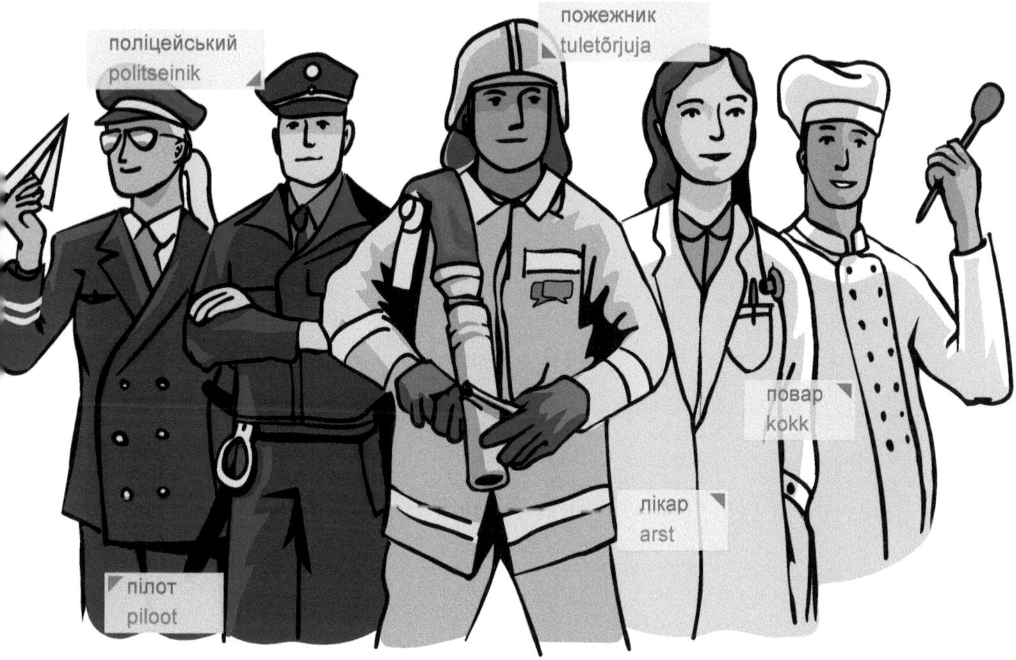
пожежник
tuletõrjuja
поліцейський
politseinik
повар
kokk
лікар
arst
пілот
piloot

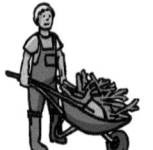

садівник

aednik

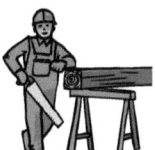

столяр

puusepp

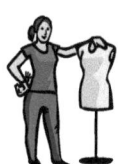

швачка

õmbleja

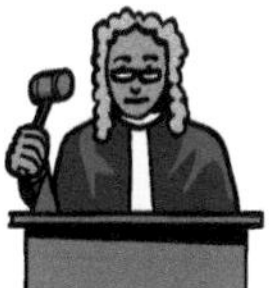

суддя

kohtunik

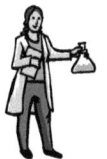

хімік

keemik

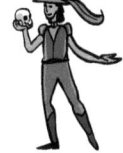

актор

näitleja

водій автобуса

bussijuht

таксист

taksojuht

рибалка

kalamees

прибиральниця

koristaja

покрівельник

katusepaigaldaja

офіціант

kelner

мисливець

jahimees

художник

maaler

пекар

pagar

електрик

elektrik

будівельник

ehitaja

інженер

insener

забійник

lihunik

бляхар

torumees

листоноша

postiljon

солдат

sõdur

архітектор

arhitekt

касир

kassapidaja

флорист

lillemüüja

перукар

juuksur

кондуктор

piletikontrolör

механік

mehaanik

капітан

kapten

дантист

hambaarst

вчений

teadlane

рабин

rabi

імам

imaam

монах

munk

пастор

preester

інструменти
tööriistad

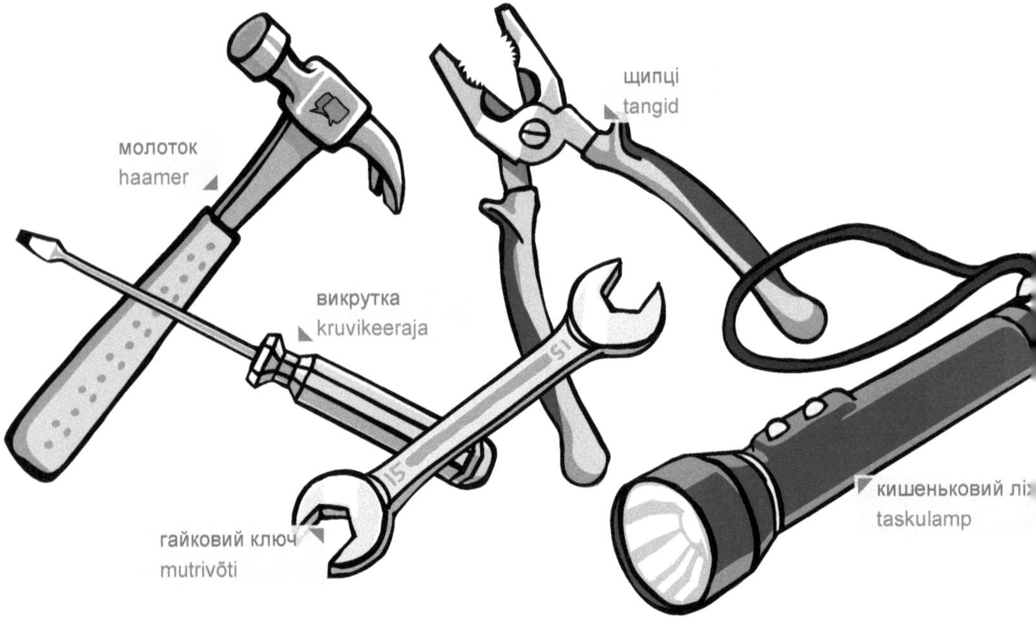
щипці
tangid
молоток
haamer
викрутка
kruvikeeraja
кишеньковий лі
taskulamp
гайковий ключ
mutrivõti

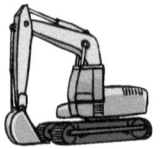

екскаватор

ekskavaator

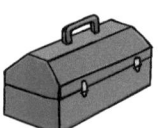

ящик для інструментів

tööriistakast

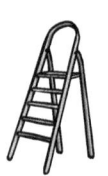

драбина

redel

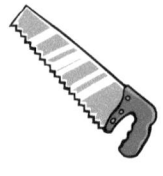

пилка

saag

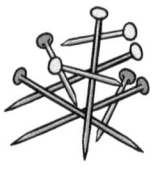

цвяхи

naelad

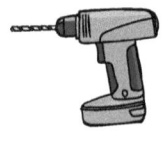

свердло

trell

ремонтувати

parandama

лопата

labidas

лайно!

Põrgusse!

совок

kühvel

відро з фарбою

värvipott

гвинти

kruvid

музичні інструменти
pillid

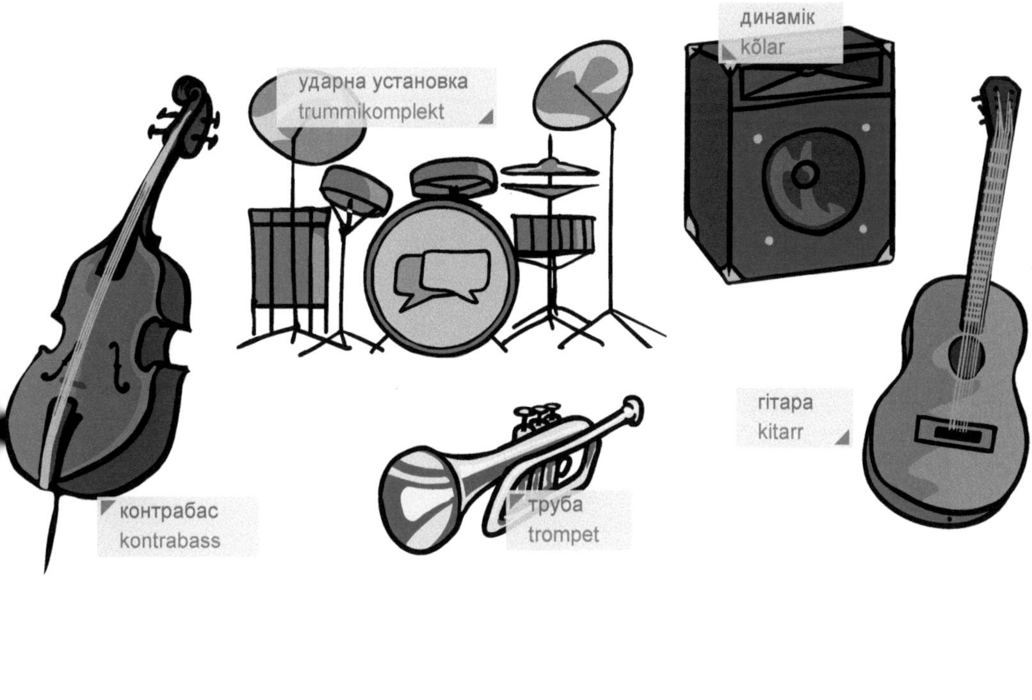

динамік
kõlar

ударна установка
trummikomplekt

гітара
kitarr

контрабас
kontrabass

труба
trompet

фортепіано

klaver

скрипка

viiul

бас

bass

литаври

timpan

барабан

trummid

клавіатура

süntesaator

саксофон

saksofon

флейта

flööt

мікрофон

mikrofon

зоопарк
loomaaed

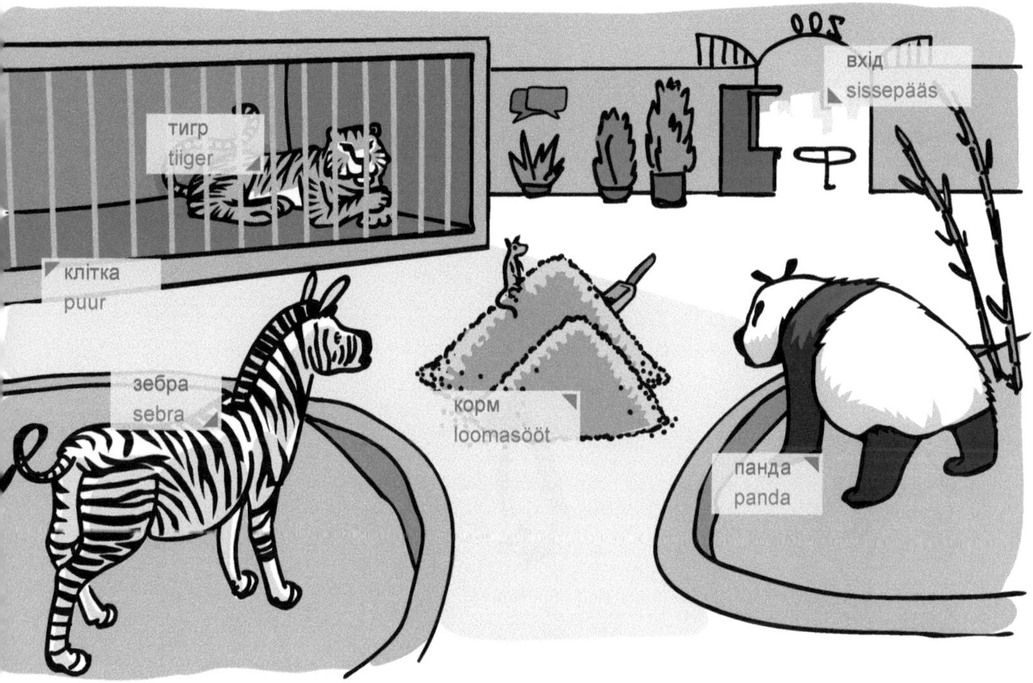
вхід
sissepääs
тигр
tiiger
клітка
puur
зебра
sebra
корм
loomasööt
панда
panda

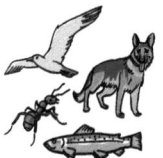

тварини

loomad

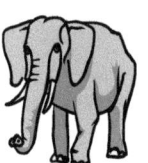

слон

elevant

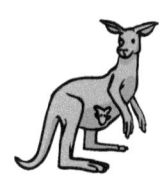

кенгуру

känguru

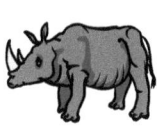

носоріг

ninasarvik

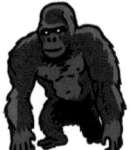

горила

gorilla

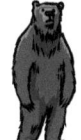

ведмідь

karu

верблюд

kaamel

страус

jaanalind

лев

lõvi

мавпа

ahv

фламінго

flamingo

папуга

papagoi

білий ведмідь

jääkaru

пінгвін

pingviin

акула

hai

павич

paabulind

змія

madu

крокодил

krokodill

працівник зоопарку

loomaaiatalitaja

тюлень

hüljes

ягуар

jaaguar

поні

poni

леопард

leopard

гіпопотам

jõehobu

жираф

kaelkirjak

орел

kotkas

кабан

metssiga

риба

kala

черепаха

kilpkonn

морж

morsk

лисиця

rebane

газель

gasell

американський футбол
Ameerika jalgpall

їзда на велосипеді
jalgrattasõit

теніс
tennis

баскетбол
korvpall

плавання
ujumine

бокс
poksimine

хокей
jäähoki

футбол
jalgpall

бадмінтон
sulgpall

легка атлетика
kergejõustik

гандбол
käsipall

лижні перегони
suusatamine

поло
polo

дії
tegevused

стрибати
hüppama
обіймати
kallistama
сміятися
naerma
йти
jalutama
співати
laulma
мріяти
unistama
молитися
palvetama
цілувати
suudlema

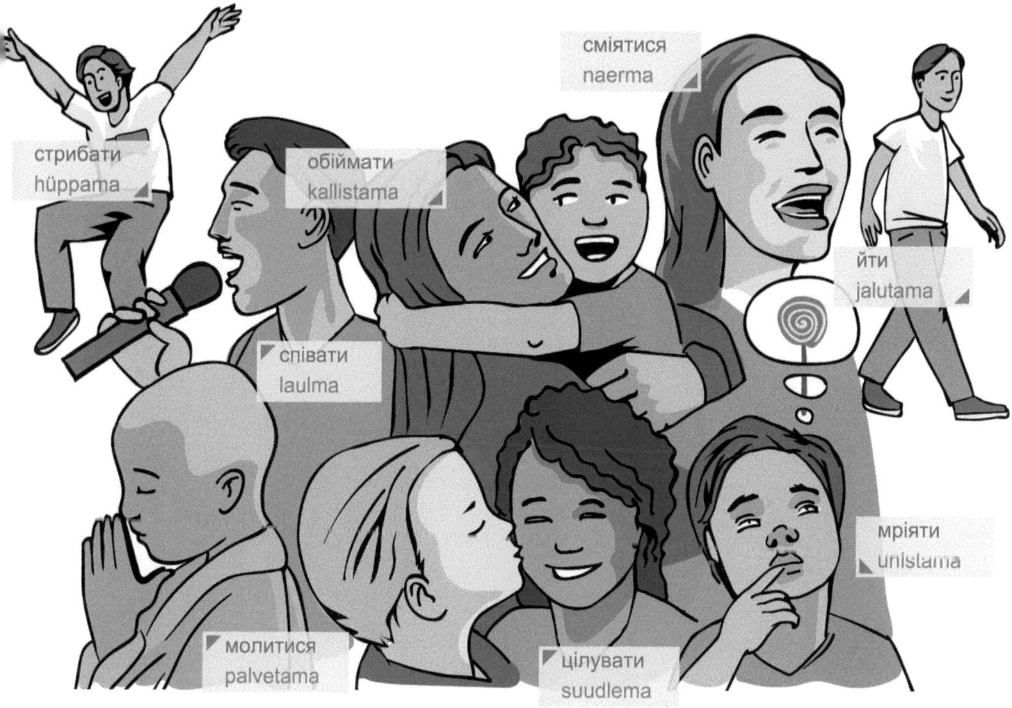

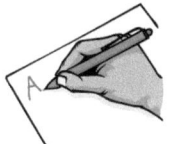

писати
kirjutama

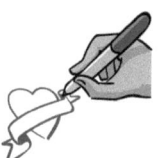

малювати
joonistama

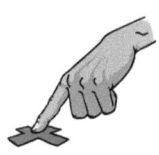

показувати
näitama

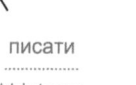

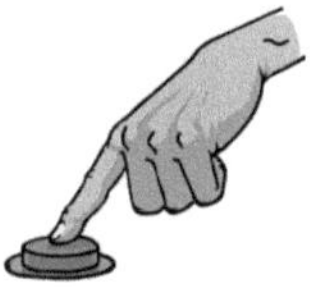

тиснути
lükkama

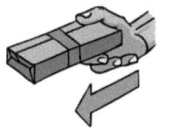

давати
andma

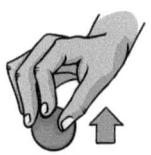

брати
võtma

мати
omama

робити
tegema

бути
olema

стояти
seisma

бігати
jooksma

тягнути
tõmbama

кидати
viskama

падати
kukkuma

лежати
lamama

очікувати
ootama

носити
kandma

сидіти
istuma

одягати
riidesse panema

спати
magama

просипатися
ärkama

дивитися

vaatama

плакати

nutma

гладити

paitama

розчісувати

kammima

розмовляти

rääkima

розуміти

aru saama

питати

küsima

слухати

kuulama

пити

jooma

їсти

sööma

прибирати

korrastama

любити

armastama

варити

süüa tegema

їхати

sõitma

літати

lendama

дії - tegevused

йти під вітрилом

purjetama

рахувати

arvutama

читати

lugema

вчитися

õppima

працювати

töötama

одружуватися

abielluma

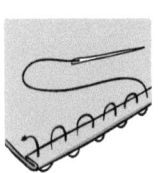

шити

õmblema

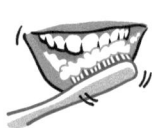

чистити зуби

hambaid pesema

убивати

tapma

курити

suitsetama

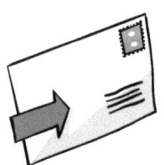

посилати

saatma

бабуся
vanaema

дідуся
vanaisa

батько
isa

мати
ema

немовля
imik

донька
tütar

син
poeg

гість

külaline

тітка

tädi

дядько

onu

брат

vend

сестра

õde

тіло

keha

чоло
otsmik
око
silm
плече
õlg
палець
sõrm
обличчя
nägu
підборіддя
lõug
кисть
käsi
груди
rind
нога
jalg
рука
käsivars

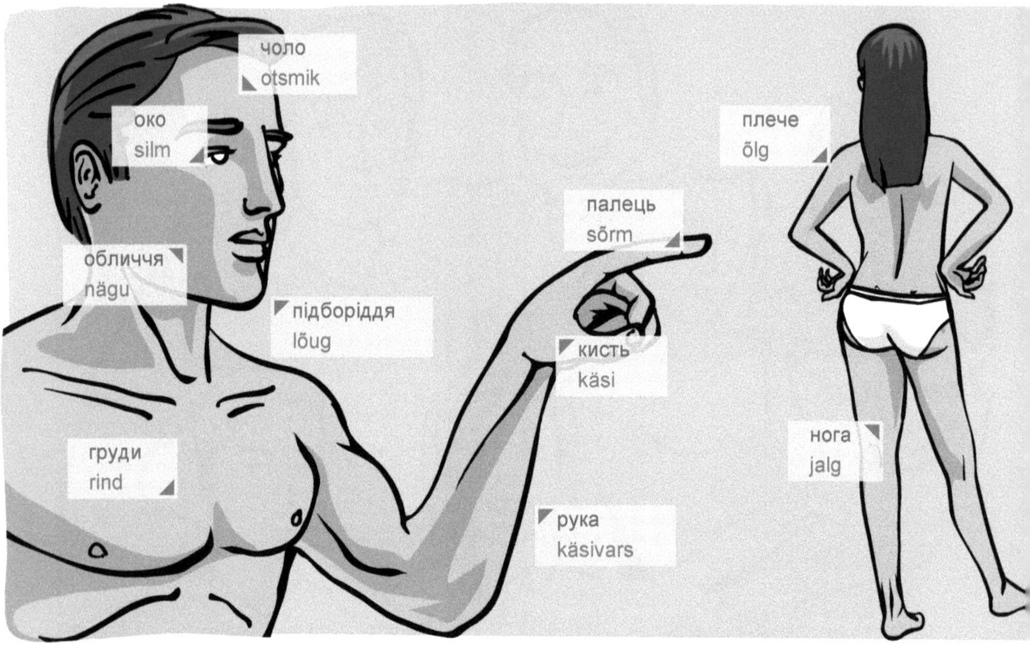

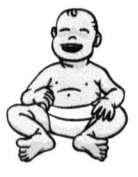

немовля
imik

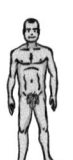

чоловік
mees

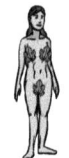

жінка
naine

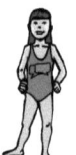

дівчина
tüdruk

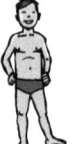

хлопчик
poiss

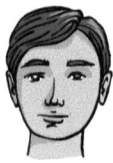

голова
pea

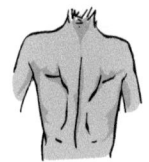

спина

selg

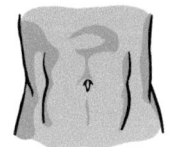

живіт

kõht

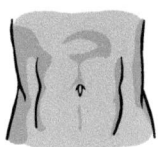

пуп

naba

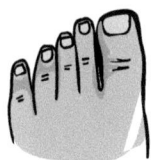

палець ноги

varvas

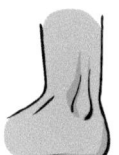

п'ята

kand

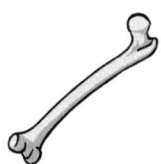

кістка

luu

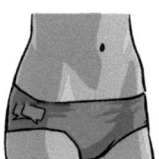

стегно

puus

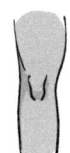

коліно

põlv

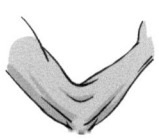

лікоть

küünarnukk

ніс

nina

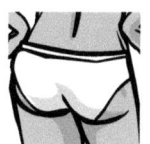

сідниці

tagumik

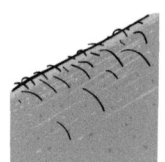

шкіра

nahk

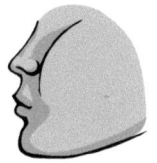

щока

põsk

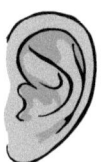

вухо

kõrv

губа

huuled

тіло - keha

рот

suu

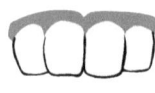

зуб

hammas

язик

keel

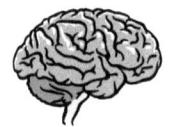

мозок

aju

серце

süda

м'яз

lihas

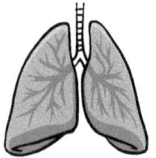

легені

kops

печінка

maks

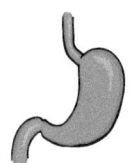

шлунок

magu

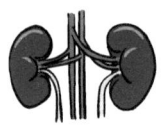

нирки

neerud

статевий акт

seksuaalvahekord

презерватив

kondoom

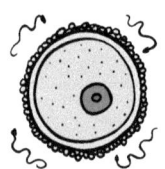

яйцеклітина

munarakk

сперма

sperma

вагітність

rasedus

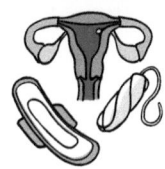

менструація

menstruatsioon

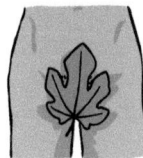

вагіна

vagiina

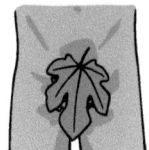

пеніс

peenis

брова

kulm

волосся

juuksed

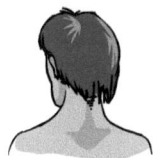

шия

kael

лікарня
haigla

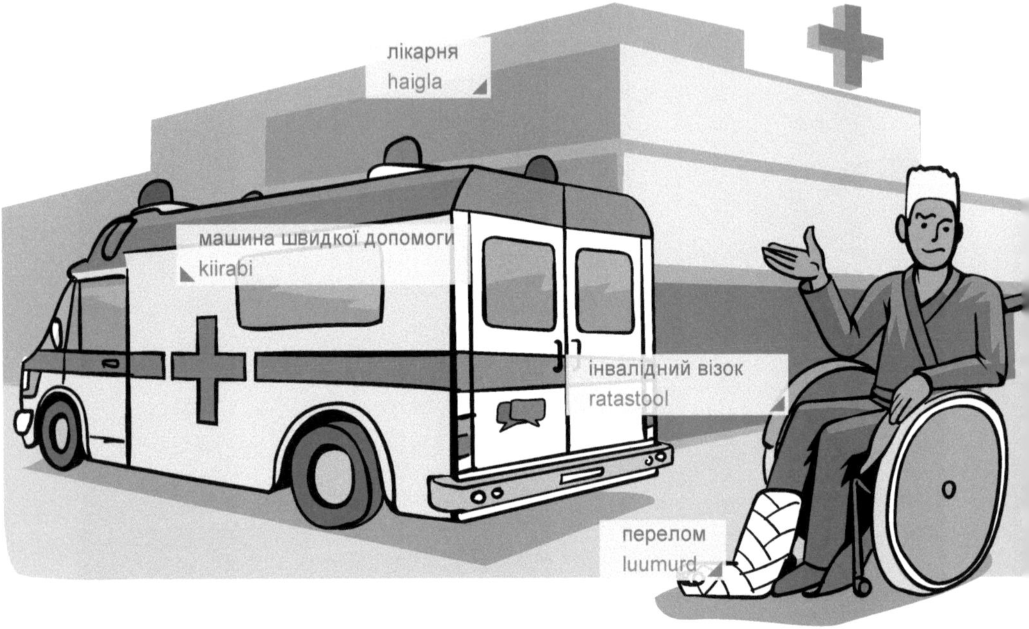

лікарня
haigla
машина швидкої допомоги
kiirabi
інвалідний візок
ratastool
перелом
luumurd

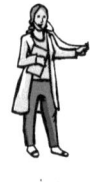

лікар

arst

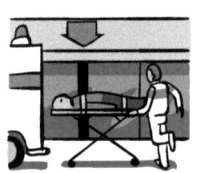

відділення швидкої медичної допомоги

traumapunkt

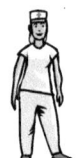

медсестра

meditsiiniõde

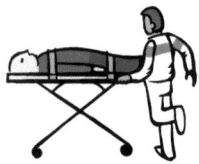

аварійний випадок

hädaolukord

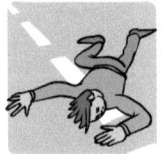

непритомний

teadvuseta

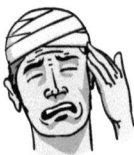

біль

valu

травма

vigastus

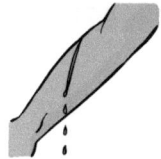

кровотеча

verejooks

інфаркт

südamerabandus

інсульт

insult

алергія

allergia

кашель

köha

лихоманка

palavik

грип

gripp

пронос

kõhulahtisus

головна біль

peavalu

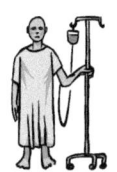

рак

vähk

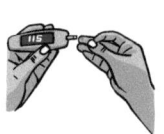

діабет

diabeet

хірург

kirurg

скальпель

skalpell

операція

operatsioon

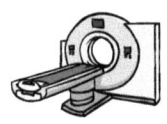

КТ

KT

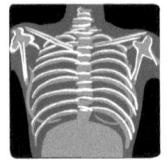

рентген

röntgen

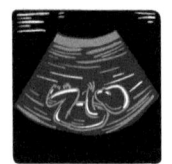

ультразвук

ultraheli

маска

mask

хвороба

haigus

зал очікування

ooteruum

милиця

kark

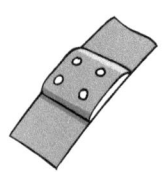

пластир

kips

пов'язка

side

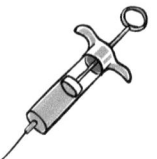

ін'єкція

süst

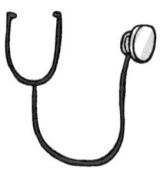

стетоскоп

stetoskoop

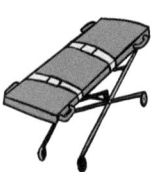

ноші

kanderaam

термометр

kraadiklaas

народження

sünd

надмірна вага

ülekaaluline

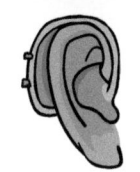

слуховий апарат

kuuldeaparaat

дезінфікуючий засіб

desinfektsioonivahend

інфекція

põletik

вірус

viirus

ВІЛ / СНІД

HIV / AIDS

медицина

meditsiin

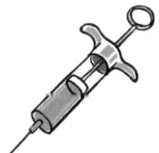

вакцинація

vaktsineerimine

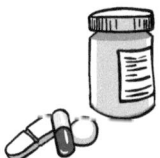

таблетки

tabletid

протизаплідна пігулка

pill

екстрений виклик

hädaabikõne

тонометр

vererõhuaparaat

хворий / здоровий

haige / terve

Допоможіть!

Appi!

сигнал тривоги

häire

напад

kallaletung

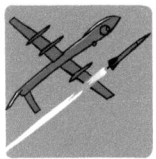

атака

rünnak

небезпека

oht

аварійний вихід

avariiväljapääs

Вогонь!

Tulekahju!

вогнегасник

tulekustuti

аварія

õnnetus

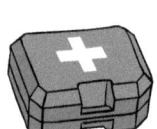

аптечка

esmaabikomplekt

СОС

SOS

поліція

politsei

Європа

Euroopa

Північна Америка

Põhja-Ameerika

Південна Америка

Lõuna-Ameerika

Африка

Aatrıka

Азія

Aasia

Австралія

Austraalia

Атлантика

Atlandi ookean

Тихий океан

Vaikne ookean

Індійський океан

India ookean

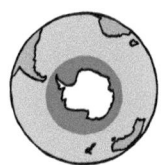

Антарктичний океан

Lõuna-Jäämeri

Північний Льодовитий
океан

Põhja-Jäämeri

Північний полюс

põhjapoolus

Південний полюс

lõunapoolus

Антарктика

Antarktika

Земля

Maa

суша

maismaa

море

meri

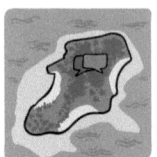

острів

saar

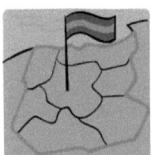

нація

rahvus

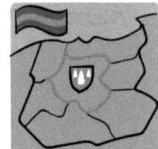

держава

riik

циферблат

sihverplaat

годинникова стрілка

tunniosuti

хвилинна стрілка

minutiosuti

секундна стрілка

sekundiosuli

Котра година?

Mis kell on?

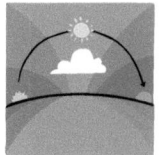

день

päev

час

aeg

зараз

praegu

цифровий годинник

digitaalne kell

хвилина

minut

година

tund

Понеділок
esmaspäev **MO**

Середа
kolmapäev **W**

П'ятниця
reede **FR**

TU

TH

SA

SO

Вівторок
teisipäev

Субота
laupäev

Четвер
neljapäev

Неділя
pühapäev

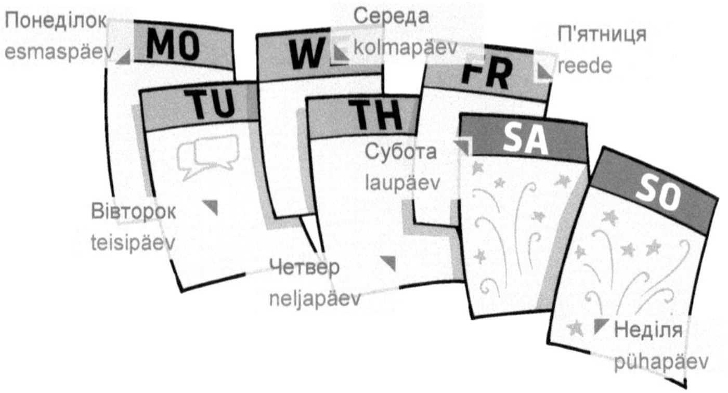

вчора
eile

сьогодні
täna

завтра
homme

ранок
hommik

опівдні
lõuna

вечір
õhtu

робочі дні
tööpäevad

кінець робочого тижня
nädalavahetus

рік

aasta

дощ
vihm
веселка
vikerkaar
вітер
tuul
сніг
lumi
весна
kevad
осінь
sügis
літо
suvi
зима
talv

4.APRIL 11°
5.APRIL 4°
6.APRIL 13°
7.APRIL 8°
8.APRIL 10°

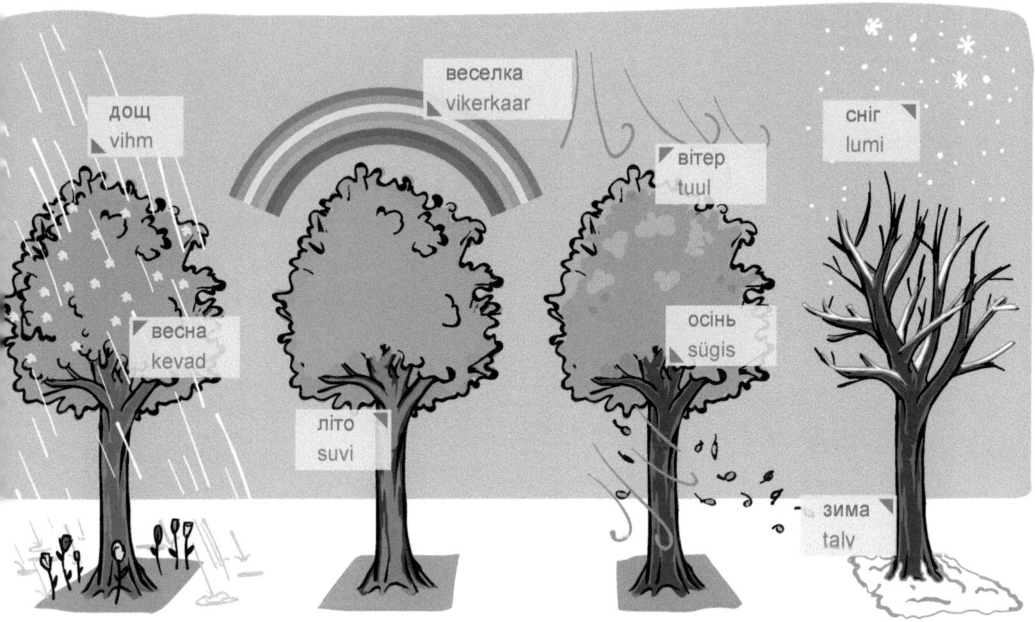

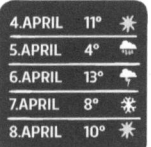

прогноз погоди

ilmaennustus

F C
120 40
90 30
60 20
30 10
0 0
-30 -10
-20

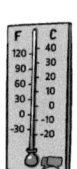

термометр

termomeeter

сонячне світло

päikesepaiste

хмара

pilv

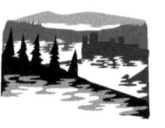

туман

udu

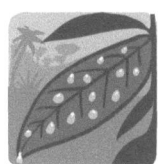

вологість повітря

niiskus

блискавка

pikne

грім

kõu

шторм

torm

град

rahe

мусон

mussoon

повінь

üleujutus

лід

jää

Січень

jaanuar

Лютий

veebruar

Березень

märts

Квітень

aprill

Травень

mai

Червень

juuni

Липень

juuli

Серпень

august

рік - aasta

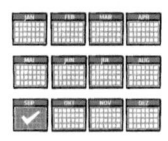

Вересень

september

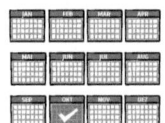

Жовтень

oktoober

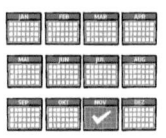

Листопад

november

Грудень

detsember

круг

ring

квадрат

ruut

прямокутник

nelinurk

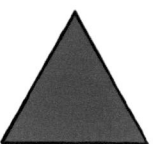

трикутник

kolmnurk

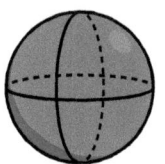

куля

kera

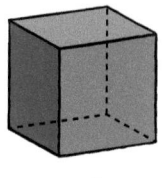

куб

kuup

білий

valge

жовтий

kollane

помаранчевий

oranž

рожевий

roosa

червоний

punane

фіолетовий

lilla

синій

sinine

зелений

roheline

коричневий

pruun

сірий

hall

чорний

must

багато / мало

palju / vähe

лютий / мирний

vihane / rahulik

гарний / бридкий

ilus / inetu

початок / кінець

algus / lõpp

великий / малий

suur / väike

світлий / темний

hele / tume

брат / сестра

vend / õde

чистий / брудний

puhas / must

завершений /
незавершений
täielik / puudulik

день / ніч

päev / öö

мертвий / живий

surnud / elus

широкий / вузький

lai / kitsas

їстівний / неїстівний

söödav / mittesöödav

злий / дружній

kuri / sõbralik

збуджений / нудьгуючий

põnevil / tüdinud

товстий / тонкий

paks / peenike

спочатку / востаннє

esimene / viimane

друг / ворог

sõber / vaenlane

повний / порожній

täis / tühi

жорсткий / м'який

kõva / pehme

важкий / легкий

raske / kerge

голод / спрага

nälg / janu

хворий / здоровий

haige / terve

незаконний / законний

ebaseaduslik / seaduslik

розумний / дурний

tark / rumal

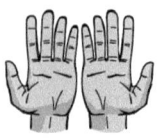

вліво / вправо

vasak / parem

поруч / далеко

lähedal / kaugel

новий / використаний

uus / kasutatud

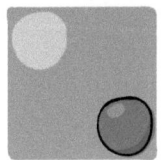

нічого / щось

mitte midagi / midagi

старий / молодий

vana / noor

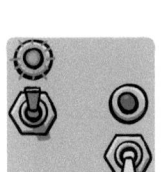

вкл / викл

sees / väljas

відкрито / закрито

lahti / kinni

тихо / гучно

vaikne / vali

багатий / бідний

rikas / vaene

правильно / неправильно

õige / vale

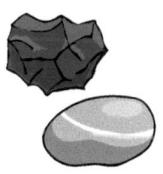

шорсткий / гладкий

kare / sile

сумний / щасливий

kurb / rõõmus

короткий / довгий

lühike / pikk

повільно / швидко

aeglane / kiire

вологий / сухий

märg / kuiv

гарячий / холодний

soe / jahe

війна / мир

sõda / rahu

0

нуль

null

1

один

üks

2

два

kaks

3

три

kolm

4

чотири

neli

5

п'ять

viis

6

шість

kuus

7

сім

seitse

8

вісім

kaheksa

9

дев'ять

üheksa

10

десять

kümme

11

одинадцять

üksteist

12

дванадцять

kaksteist

13

тринадцять

kolmteist

14

чотирнадцять

neliteist

15

п'ятнадцять

viisteist

16

шістнадцять

kuusteist

17

сімнадцять

seitseteist

18

вісімнадцять

kaheksateist

19

дев'ятнадцять

üheksateist

20

двадцять

kakskümmend

100

сто

sada

1.000

тисяча

tuhat

1.000.000

мільйон

miljon

англійська

inglise

американська англійська

Ameerika inglise

китайська
високочиновницька

mandariini

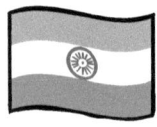

хінді

hindi

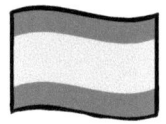

іспанська

hispaania

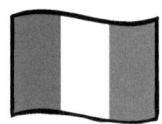

французька

prantsuse

арабська

araabia

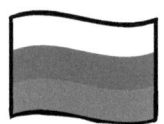

російська

vene

португальська

portugali

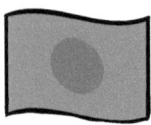

бенгальська

bengali

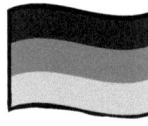

німецька

saksa

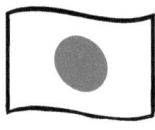

японська

jaapani

я

mina

ти

sina

він / вона / воно

tema

ми

meie

ви

teie

вони

nemad

хто?

kes?

що?

mis?

як?

kuidas?

де?

kus?

коли?

millal?

ім'я

nimi

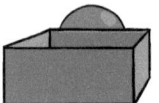

ззаду

taga

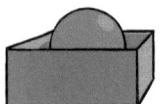

в

sees

перед

ees

над

kohal

на

peal

під

all

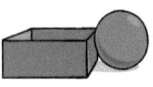

біля

kõrval

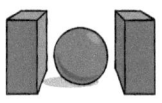

між

vahel

місце

koht